FÅ FART!
LÄR UT SVENSKA MED RÖRELSE OCH SÅNG

AKTIVA ÖVNINGAR TILL SJUNG MED!

Louise Mårtensson Mussweiler

Rådgivning och granskning
Inger Mustelin

FÅ FART! LÄR UT SVENSKA MED RÖRELSE OCH SÅNG, 1. AUFLAGE
Copyright © Louise Mårtensson Mussweiler 2017
Im Berge 3, 49124 Georgsmarienhütte, Deutschland
www.hej-schwedischkurse.com
Alle Rechte vorbehalten.
Lektorat: Inger Mustelin
Illustrationen: Marcello Mårtensson Rizo
Layout: Christian Zimmermann
Cover: Christian Zimmermann
Humans Icons: designed by Zlatko Najdenovski from Flaticon
Gestures Icons: designed by Freepik from Flaticon
Druck: CreateSpace, 5 Rue Plaetis, L-2338 Luxemburg
ISBN 978-3-00-056128-3

Toner rörelser
energifälten väckes
sinnen öppnar upp

Marianne Gottfries 2015

FÖRORD

Få fart! innehåller aktiva övningar och rörelser som bygger på de specialgjorda didaktiska sångerna i *Sjung med!* av Inger Mustelin och Guido Jäger.

Få fart! ger dig som lärare konkreta instruktioner, tips och idéer hur man kan arbeta vidare med sångerna för att fördjupa och öva vissa språkliga företeelser inom undervisningen i svenska som främmande språk. Ordkunskap, grammatiska strukturer, uttal, intonation och betoning samt kulturella teman står här i fokus. De aktiva övningarna kan delvis även användas utan sångerna.

Aktiva övningar och rörelse innebär här både små rörelser som handrörelser, mimik och gester och större rörelser där hela kroppen används som att resa sig och gå runt, pantomim och rollspel.

Övningarna är konstruerade för olika nivåer (A1-B2) men kan naturligtvis användas efter gruppens och deltagarnas behov, både inom vuxenutbildning på universitetet, inom Sfi, på folkuniversitet och inom undervisning för barn.

Få fart! ger även en överblick varför sång och rörelse är viktigt för en glädjefylld och effektiv språkundervisning. Arbetar vi med hela människan, med hela hjärnan, kroppen, känslorna och med varandra lär vi oss bättre och det nyinlärda fastnar i långtidsminnet. Detta visar inte bara Inger Mustelins och min långa erfarenhet som språklärare utan även dagens forskning.

Våra positiva upplevelser och erfarenheter med musik och rörelse i praktiken har lett fram till att skriva *Sjung med!* och *Få fart!* Hoppas du finner inspiration och glädje med dessa böcker.

Ett varmt tack vill vi rikta till alla våra kursdeltagare som under åren inspirerat oss!

Louise Mårtensson Mussweiler

INNEHÅLL

1 Praktiskt och metodiskt 7

2 Sång och rörelse i språkundervisningen 8

3 Förteckning över övningarna med information om språklig nivå,
   grammatik, fonetik, ordförråd, kommunikativ aspekt 10

4 Aktiva övningar
   4.1 Må bra! 12
   4.2 Hur ska jag göra? 13
   4.3 Borta bra men hemma bäst! 15
   4.4 Optimisten 18
   4.5 En liten mygga 19
   4.6 Semester 22
   4.7 Vid Sveriges långa kust 24
   4.8 Bråttom 29
   4.9 Kroppen 31
   4.10 Grannens Lotta 32
   4.11 Min lomhörda faster 34
   4.12 Två steg till höger 35
   4.13 Polisen Per 37
   4.14 Djur i Sveriges natur 40
   4.15 En blå banan 43
   4.16 Estelles familj 45
   4.17 Vår snapsvisa 48
   4.18 Fixarsång 50
   4.19 Det kallas kalas! 53
   4.20 Äntligen tillbaka 54

5 Källor 58

1 PRAKTISKT OCH METODISKT

→ I varje kapitel finns minst tre aktiva övningar och rörelser som delvis bygger på varandra. De kan användas i en enhet eller enskilt vid olika tillfällen.

→ Övningarna kan användas som idé och vidareutvecklas för ett annat tema.

→ Till många av övningarna finns färdigt kopieringsunderlag i anslutning till kapitlet både för stora grupper och ojämnt antal deltagare.

→ Ord, bilder och delade uttryck används för att dela in gruppen i par eller små-grupper. Uppgifterna till arbetsformerna   är förslag och kan naturligtvis än-dras individuellt efter gruppen.

→ Information till en speciell undervisningsfas ges som t.ex. första lektionen "lära känna varandra", i början "slappna av" eller i slutet "pigga upp".

→ Symbolen ☞ hänvisar till en didaktisk eller metodisk kommentar.

→ Metodiska tips hur man introducerar och arbetar med sångerna finner du i *Sjung med!*

Ibland är det inte lätt att mobilisera en grupp och att få deltagarna att röra sig. Deltagarna kan ha motstånd till förändring. Men är du själv öppen för experiment och är övertygad om vad du gör och samtidigt motiverar varför vissa aktioner är meningsfulla och viktiga kan du få varje "sten att rulla".

Dagens forskning kan med olika metoder visa att språklig aktivitet sker i många områden i hjärnan. De är kopplade till varandra i nätverk. Därför är det viktigt att använda **hela hjärnan** i inlärningsprocessen.

Hjärnan och kroppen samspelar med varandra. Med **kroppens** olika sinnesorgan upplever människan sin omgivning. Inte bara via ögon, öron, smak utan även genom **rörelse** med kroppens muskler och känselsinne (be)griper människan världen.
(jmf Macedonia-Oleinek 1991)

Ju mer sensomotorisk information ett ord får, d.v.s. ju fler **sinnen** som är delaktiga i inlärningsprocessen, desto bättre kan ordet uppfattas och förankras i långtidsminnet.
(jmf Macedonia-Oleinek 1991)

Musik påverkar känslorna positivt och lockar till handling.

Upplever vi ord med kroppen genom rörelser blir innebörden tydligare och orden **förankras i långtidsminnet**.
(jmf Schiffler 2012)

Att väcka **intresse** och att skapa en stressfri och positiv inlärningssituation är viktiga förutsättningar för en framgångsrik inlärning.
(jmf Sambanis 2013)

Sjunger vi en text aktiveras fler områden i hjärnan än när vi t.ex. läser en text.
(jmf Schiffler 2012)

Musik ger en skön och **glädjefylld** stämning. Genom sång och gemensamma rörelser främjas känslan av **samhörighet** i en grupp.

Vi lär oss bättre när vi är **avspända**. En liten rörelse kan bidra till att vi känner oss **stressfria** och lugna. (jmf yogabolaget.se)

Genom musik och rörelse riktas **uppmärksamheten** mot ämnet på ett positivt sätt.

Känslan för språkets **intonation** och musikaliska uppbyggnad förmedlas med sång.

Rörelse stimulerar blodomloppet och stärker därmed koncentrationen.

I sång kopplas ord, uttal och grammatiska strukturer till musik och rytm som främjar långtidsminnet.

"Sånger ger **kulturkännedom** och utökar **ordförrådet** på ett naturligt sätt." (allasinnen.se)

I sång förstärks inlärningen genom **repetition**. Inlärningen främjas ytterligare när rörelser tillkommer.

Kognitiva processer och rörelse är relaterade till varandra. **Vi tänker bättre när vi rör oss.**

Människan lär sig språk med hela hjärnan, med sin kropp och sina känslor och i interaktion med sin sociala omgivning.

3   Förteckning över övningarna

	Titel	Språklig nivå
1.	Må bra!	A1-A2
2.	Hur ska jag göra?	A1-A2
3.	Borta bra men hemma bäst!	A2-B1
4.	Optimisten	A1-B2
5.	En liten mygga	A1-B1
6.	Semester	A1
7.	Vid Sveriges långa kust	A1-B2
8.	Bråttom	A1-B2
9.	Kroppen	A2-A2
10.	Grannens Lotta	A1-A2
11.	Min lomhörda faster	A1-A2
12.	Två steg till höger	A1-B1
13.	Polisen Per	B1-B2
14.	Djur i Sveriges natur	A1-B2
15.	En blå banan	A1-B2
16.	Estelles familj	A2-B1
17.	Vår snapsvisa	A1
18.	Fixarsång	B1-B2
19.	Det kallas kalas!	A1
20.	Äntligen tillbaka	A2-B2

Grammatik, fonetik	Ordförråd, kommunikativ aspekt
adjektiv	hälsningsfraser, småprat
verb; imperativ	typiska vardagssituationer
riktningsadverb	resa
ordföljd, adverb	veckodagar, stämma träff
böjning av adjektivet *liten*	natur; insekter
relativpronomen *som*, substantiv; best. och obest. form, rörelseverb	resa, motivera
uttal; -g och -k	berätta om och beskriva svenska städer
frågeord, verb; preteritum, tidsuttryck	vardagssituationer
uttal, prosodi	kroppsdelar, symtom
verbkonjugation; presens, preteritum, perfekt	vardagsverb
ordföljd, prosodi	samtalsfraser
riktningsadverb	höger, vänster
verb; partikelverb	brottsuttryck
verb; perfekt	natur; däggdjur i Sverige
adjektivets böjning; best. och obest. form	modifierade livsmedel; frukt, färg
substantiv, genitiv, frågor	släkt och familj
possessivpronomen med *sin, sitt, sina*	uttryck för *dricka*
verb; passiv, adjektiv	verktyg, hantverksuttryck
uttal; vokallängd, prosodi; accent 1 och 2	livsmedel, festuttryck
adjektivets böjning	naturbegrepp; växter, träd, beskriva sinnesintryck, samtal i olika yrkesroller

4   Aktiva övningar

4.1   Må bra!

1. Övning under sången – hälsningsfraser (A1-A2)

Deltagarna ställer sig i två rader mittemot varandra.

Uppgift:
a) Alla sjunger sången tillsammans.
b) Kursledaren delar upp rollerna i stroferna. Den ena raden sjunger den ena rollen och den andra raden den andra. Sista strofen sjungs tillsammans.
c) Gruppen karakteriserar gemensamt personerna i strofen (t.ex. man, kvinna, ung, gammal, glad, trött) och uttrycker det sedan när de sjunger. Sista strofen sjungs tillsammans.

2. Övning efter sången – hälsningsfraser (A1-A2)

<u>Material</u>
ev. namnlappar

Alla ställer sig i en ring. Om inte deltagarna känner varandra har de en namn-lapp på sig.

Uppgift:
Deltagarna eller kursledaren tilltalar någon i ringen med namn och säger en hälsningsfras, de går emot varandra, den andra svarar och de byter plats.

3. Övning efter sången – adjektiv (A1-A2)

Alla samlar 10 adjektiv tillsammans som beskriver hur man mår eller känner sig (t.ex. må bra, dåligt, känna sig trött, glad, arg) och kursledaren skriver upp dem på tavlan.

Uppgift:
Deltagaren visar ett adjektiv med mimik och den andra gissar vilket det är.

4. Övning efter sången – samtala (A1-A2)

Småprat på gatan: Deltagarna går runt, samtalar kort med varandra och använder uttrycken ur sången samt kompletterar med andra de känner till. De tar farväl och går vidare till nästa när kursledaren ger tecken för byte.

4.2 Hur ska jag göra?

1. Rörelser under sången – situationer i svenska samhället (A1-A2)

<u>Material</u>
refrängen på ett stort papper

Kursledaren går igenom rörelserna först: *Hur ska jag göra?* Klia dig i huvudet. *Säg vad som är rätt.* Ryck på axlarna och håll fram händerna med en frågande gest? *Det borde vara lätt som en plätt.* Vänd en pannkaka i luften.

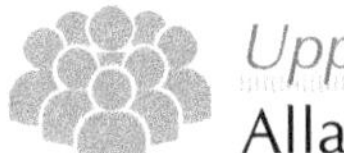

Alla gör rörelserna till refrängen.

2. Övning efter sången – tala i en specifik situation (A1-A2)

<u>Material</u>
fem stationer med stora papper med överskrifterna *på macken, vid p-automaten, vid kassan, på akuten, på Systemet*
kort *situationer i svenska samhället*

 a) (A1-A2)
Deltagaren tar ett kort med ett ord som passar till en av situationerna ovan, går runt och jämför eller beskriver ordet och hittar sin grupp som har ord som passar till samma station. Några ord passar till flera stationer. Gruppen får diskutera sig fram.
Gruppen går till sin station och skriver upp en fras som passar till temat och går vidare till nästa station och skriver upp en annan fras. När alla har varit på alla stationer, presenterar varje grupp resultatet från sin sista station.

Uppgift: b) Variant 1. (A1)
Deltagarna väljer en station och skriver en dialog och spelar upp.
Variant 2. (A2)
Deltagarna går runt och samtalar spontant vid varje station.

Kort *situationer i svenska samhället*

välj bensinpump	lägg i mynt	se öppettider
mät däcktrycket	betala med kort	visa leg
tryck grön knapp	kontakta Vårdguiden	följ instruktionen
för in kort	ring 112	betala i kassan
lägg varorna på bandet	be om remiss	välj sort

4.3 Borta bra men hemma bäst!

1. Rörelser till refrängen – riktningsadverb (A2-B1)

<u>Material</u>
refrängen på ett stort papper

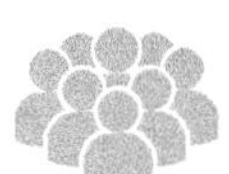

Uppgift:
a) Alla sitter i en ring och sjunger refrängen.
b) Alla sjunger refrängen och gör följande rörelser:

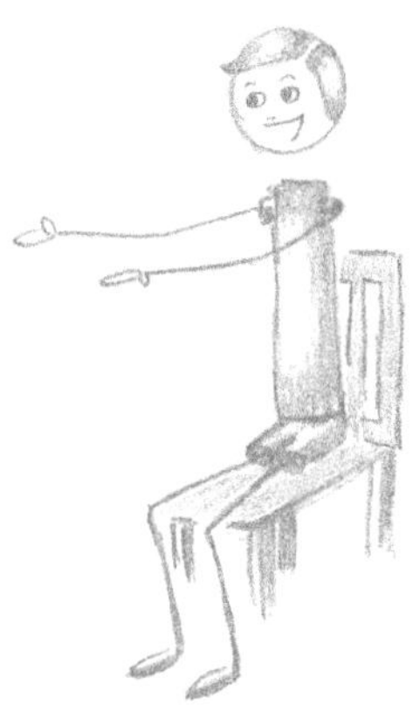

Bild 1 Sträck fram
armarna när sången börjar.

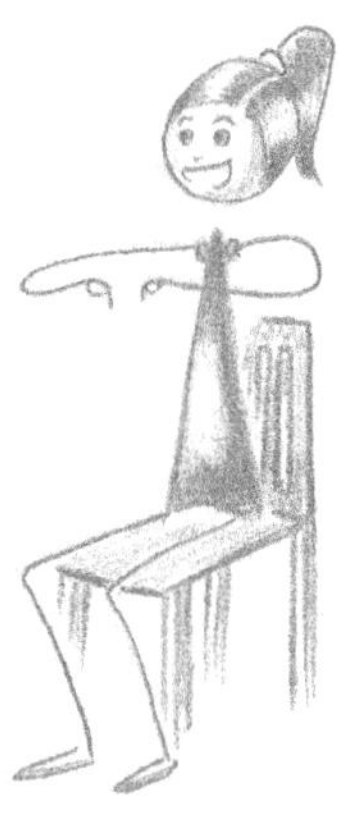

Bild 2 *hit* -> Dra tillbaka armarna och
peka med båda pekfingrarna
på platsen där man sitter.

Bild 3 *dit, bort* -> Peka rakt fram.

Bild 4 *här* -> Peka på
platsen där man sitter.

Bild 5 *där* -> Sträck fram armarna och peka rakt fram.

Bild 6 *hem* -> Dra tillbaka armarna och peka på platsen där man sitter.

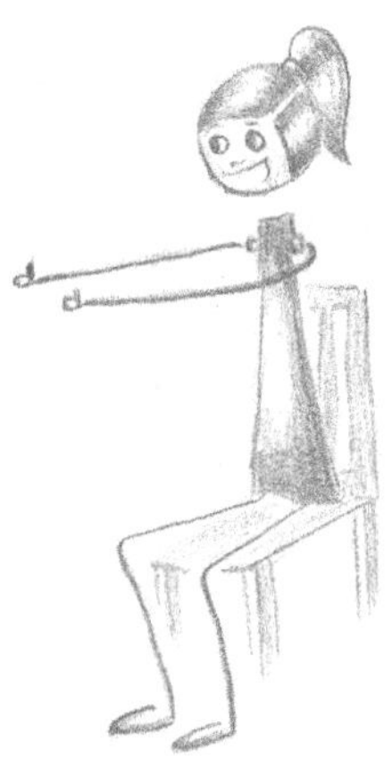

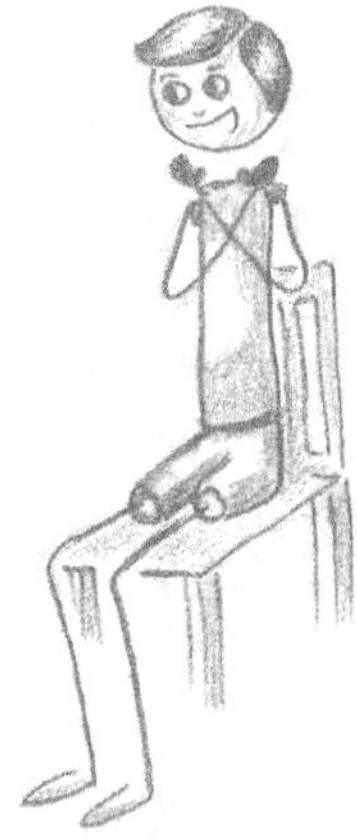

Bild 7 *borta* -> Sträck fram armarna med tummarna upp.

Bild 8 *hemma* -> Korsa armarna framför bröstet.

 Kommentar: När vi korsar armarna aktiveras hela hjärnan.

2. Övning efter sången – riktningsadverb (A2-B1)

<u>Material</u>
kort *riktningsverb*

Variant 1. (A2)
Kursledaren delar ut ordparen *hit-här, dit-där, bort-borta, hem-hemma, fram-framme, in-inne, ut-ute, upp-uppe, ner-nere.*

Uppgift:
a) Deltagarna bildar en mening och gör en passande rörelse till ordparet på kortet, t.ex. *hem-hemma: Jag går hem.* (går iväg och vinkar) *Nu är jag hemma.* (bildar ett tak över huvudet med armarna)

b) Alla ställer sig i en ring. Ett par säger meningen och gör rörelsen. Alla repeterar meningen och gör efter.

Variant 2. (B1)
Alla ställer sig i en ring. Kursledaren lägger ut ordparen *hit-här, dit-där, bort-borta, hem-hemma, fram-framme, in-inne, ut-ute, upp-uppe, ner-nere* i mitten.

Uppgift: Deltagaren bildar en mening spontant och gör en passande rörelse, t.ex. *hem-hemma: Jag går hem.* (Går in i mitten) *Nu är jag hemma.* (Är i mitten). Alla repeterar meningen och gör efter.

Kort *riktningsadverb*

hit – här	dit – där	bort – borta
hem – hemma	fram – framme	in – inne
ut – ute	upp – uppe	ner – nere

4.4   Optimisten

1. Rörelser under sången – ordförråd *veckodagarna* (A1)

Kursledaren delar in gruppen genom att ge var
och en en veckodag.
Alla står i ring och sjunger.

Uppgift: Deltagarna bildar snabbt en grupp med
samma veckodag i mitten av ringen när vecko-
dagen sjungs och går sakta baklänges tillbaka i
ringen.

Kommentar: Att gå baklänges kräver koncentration och
stimulerar hjärnan.

2. Rörelser under sången – adverb (B1-B2)

Alla sjunger först sången tillsammans. Kursledaren går igenom betydelsen av
nog, väl, förstås, visst.

Uppgift: Visa med mimik om den frågande är säker (strof 1, 5, 7) eller osäker
(strof 2, 3, 4, 6) på svaret. Säker: nicka med ett leende, osäker: dra upp ögon-
brynen.

3. Övning efter sången – samtala och *stämma träff* (A1-B2)

Uppgift:

Variant 1. (A1-A2) Deltagarna går runt och går ihop två och två, samtalar och
stämmer träff, använder veckodagarna och klockan. Deltagarna går sedan vi-
dare till nästa.

Variant 2. (A2-B2) Deltagarna går runt och går ihop två och två, samtalar och
stämmer träff, använder veckodagarna och adverben *nog, väl, förstås, visst.*
Deltagarna går sedan vidare till nästa.

4.5 En liten mygga

1. Övning under sången – adjektivet *liten* i bestämd och obestämd form (A1-A2)

<u>Material</u>
sången på ett stort papper

Kursledaren går igenom rörelser som demonstrerar orden *hör, tar myggan med handen, tar den andra myggan med den andra handen, liten, kryper, smärta, flyger, försvinner* först.

Uppgift:

Deltagarna gör rörelserna under sången.

2. Övning efter sången – adjektivet *liten* i bestämd och obestämd form (A1-A2)

<u>Material</u>
ca fem föremål, t.ex. ett löv, två träd, en sten, två nyckelpigor, en geting

Deltagarna ställer sig i en ring.

Uppgift:

Föremålen cirkulerar. Var deltagare säger t.ex.: *Det här är en liten myra/små nyckelpigor. Här får du den lilla myran/de små nyckelpigorna.* Föremålen ges vidare.

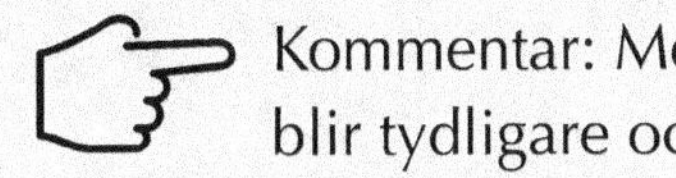
Kommentar: Med händerna (be)griper vi orden, innebörden blir tydligare och orden förankras i långtidsminnet.

3. Övning efter sången – ordkunskap *insekter* (A2-B1)

<u>Material</u>
kort *insekter*

Uppgift:
a) Bilda en grupp. Deltagarna tar var sitt kort och söker sin partner som har ett ord eller bild som passar till kortet. Deltagarna hjälps åt i gruppen.

 b) Deltagarna bildar en mening med korten, t.ex. *En geting sticker dig med sin gadd.*

 c) Alla ställer sig i en ring, visar sina kort och säger sin mening.

 d) Deltagarna berättar om sina erfarenheter med insekter och djur.

Kort *insekter*

en vinge	
en gadd	
en geting	

en fluga	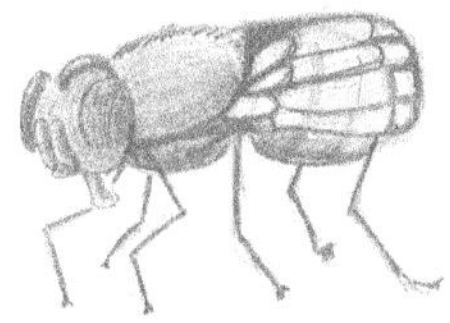
en mygga	
ett myggmedel	
en myra	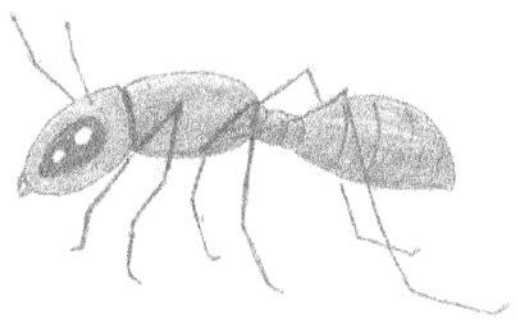
en myrstack	

4.6 Semester

1. Övning efter sången – substantiv, bestämd form (A1)

<u>Material</u>

bilder på en bro, en bil, en matsäckskorg, en campingplats, en broschyr, ett tåg, en svensk flagga, en färja, en cykel, ett tält, en restaurang, en prinsesstårta

Uppgift:

a) Deltagarna stryker under alla substantiv i sången, bestämmer formen och skriver upp substantivets obestämda form.

b) Kursledaren låter bilder på olika saker cirkulera i gruppen.

Uppgift:

Deltagarna nämner vad de ser på bilden och bildar även bestämd form av substantivet.

2. Övning efter sången – samtala och motivera (A1)

Sociometrisk övning "Välj svar."

Alla står upp, kursledaren ställer följande frågor och visar till vänster och till höger:

Åker du tåg eller kör du hellre bil? Gå till vänster för *tåg* eller till höger för *bil* o.s.v.

Tycker du mer om skogen eller om stranden?

Kör du hellre med GPS eller med en karta?

Bor du hellre på hotell eller på en campingplats?

Äter du gärna surströmming eller hellre köttbullar?

Uppgift:

a) Deltagarna väljer svar resp. sida.

b) Deltagarna går ihop och motiverar sitt svar.

3. Övning efter sången – relativpronomen (A1)

<u>Material</u>
tomma lappar

Alla sätter sig i en ring.

Uppgift:
a) Gruppen samlar olika saker som man har med sig på semestern på tavlan.

b) Deltagarna skriver upp ett av orden på en lapp. Deltagarna börjar på en me-ning, använder ordet och skickar ordet vidare. Personen bredvid kompletterar meningen med en relativsats och använder sitt ord, t.ex. *Resväskan är stor …* *som står i bilen*. Gruppen upprepar meningen: *Resväskan* som står i bilen är stor.

> Kommentar: Meningens innehåll kan gärna vara ologiskt. Då blir det roligt och lockar till skratt!

4. Övning efter sången – vissa rörelse-verb (A1) *Pigga upp-övning*

Alla ställer sig i en ring och står bakom varandra. Kursledaren säger en mening och gör en rörelse.
Vi går, vi stannar, vi står, vi åker, vi kör, vi går …

Uppgift:
Deltagarna lyssnar, säger och gör efter.

> Kommentar: Skillnaden mellan *står* och *stannar* blir tydlig här.

4.7 Vid Sveriges långa kust

<u>Material</u>
kort *städer*

1. Övning före sången – berätta om en stad (A1-B2)
Lära känna varandra-övning!

Kursledaren lägger ut lappar med olika svenska städer på ett bord.

Uppgift:

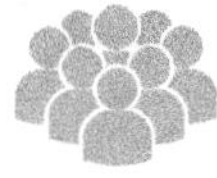

Deltagarna tar var sin lapp med en stad som han/hon känner till eller som han/hon vill åka till. Deltagarna går runt och presenterar sig ev. och berättar varför han/hon har valt just den staden.

2. Övning under sången – uttal av –*rg* (A1)

Alla sjunger sången först. Kursledaren tar upp uttalet av –*rg* i slutet av ord.

Uppgift:

a) Deltagarna söker ord med -*rg* i sången.
b) Alla sjunger sången och vid ord med –*rg* stampar man i golvet.

3. Övning efter sången – ordkunskap *stad*, hörövning, avslappning (A2-B2)

<u>Material</u>
4 bilder på Höga kusten

Uppgift:

a) Alla sätter sig i en ring, sitter bekvämt och lägger underarmarna och händerna på låren och gör yogahandrörelsen "Gyan Mudra"* genom att trycka tummen mot pekfingerspetsen och sträcka lätt de andra fingrarna. Alla andas långa djupa andetag genom näsan, blundar eller fixerar en punkt på golvet ca. 2-3 min.

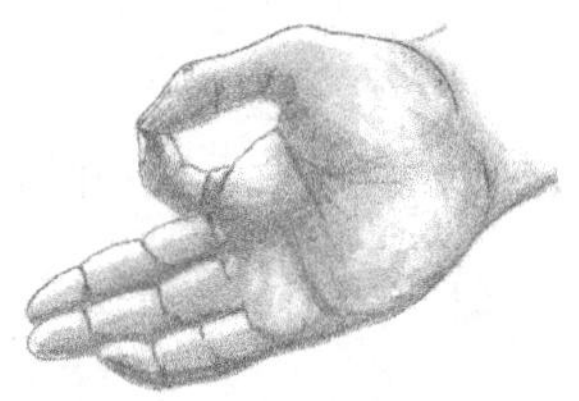

Bild 1
Yogahandrörelsen
"Gyan Mudra"

b) Kursledaren beskriver en bild som föreställer Höga kusten, se text nedan.
Deltagarna lyssnar och försöker föreställa sig bilden.

c) Kursledaren lägger ut bilderna.

Uppgift:
Deltagarna går runt och jämför bilderna med den egna imaginära bilden och
nämner likheter och skillnader.

* Gyan Mudra
Denna mudra, en av de absolut vanligast förekommande inom alla yogaformer, ger ökat lugn
och receptivitet och förbättrar koncentrationen. Den står för expansion, ökad kunskap och
visdom.
Källa: Yogabolaget.se

Kommentar: Med avslappning avtar stress och oro och koncen-
trationen stärks. Det är viktigt att avsluta övningen långsamt
och sitta kvar någon minut.
Om man är ovan att hålla i avslappning är det bra att som kurs-
ledare läsa på vad man ska tänka på.

En resa till en plats i Sverige – en fantasiresa

Nu ska du få göra en resa till en plats i Sverige. Jag beskriver denna plats och
du försöker föreställa dig den. Du försöker se platsen framför dig.
Innan jag beskriver platsen ska vi inta en position som stärker koncentrationen.
Sätt dig bekvämt. Ryggen är rak. Sätt fötterna stadigt i golvet, benen i rät vinkel
vid knäna. Lägg underarmarna och händerna på låren och gör yogahandrörel-
sen Gyan Mudra: tryck tummen mot pekfingerspetsen och sträck lätt de andra
fingrarna. Andas tre långa djupa andetag genom näsan, blunda eller fixera en
punkt på golvet.
…
Du står uppe på ett berg. Du har en storslagen utsikt åt alla håll. Solen skiner.
Du känner solens värme och ljus i hela kroppen. Fötterna blir varma, sken-
benen, låren blir varma, du känner att värmen strålar genom dig. Bäckenet,
magen blir varm, bröstet, hjärtat blir varmt. Solen strålar genom din hals, din
nacke, dina armar, dina händer ut i fingertopparna. Solen värmer ditt huvud,

ansikte, din panna, dina ögon, din näsa blir varm, din mun. Du ler mot solen. Hela din kropp är varm.

Du står och tittar ut över landskapet. Du ser runda kullar och höga klippor som bildar en långdragen kedja. Det växer skog på klipporna, varmt gröna granar. Skogen avlöses med öppna områden. Där ser du gråa hällar av sten och ljusgröna ängar.

Havet tränger sig in mellan klipporna och breder ut sig. Vattnet ligger stilla vid bergets fot. Himlen speglar sig i vattnet. Du ser vita, lätta moln på himlen. Längst ner vid vattnet ser du en liten röd stuga. Kor går och betar. Inte en människa syns.

Detta vidsträckta landskap ger dig en känsla av frihet. Du sträcker upp armarna mot himlen som om du vill omfamna världen.

Efter beskrivningarna:

Kom nu tillbaka med din uppmärksamhet till här och nu.

Ta tre långa djupa andetag genom näsan, börja röra dina händer, armar och sträck på dina ben. Rör på fötterna. Öppna långsamt ögonen.

Res dig upp, sträck på dig. Klappa på dina armar, överkropp och ben så de vaknar upp. Sträck upp armarna högt i luften och släpp ner dem och säg högt "ja".

Kommentar: Kursledaren läser långsamt med pauser mellan komman och punkter. Efter beskrivningen läses texten något snabbare och rösten bli högre så att deltagarna vaknar upp.

4. Övning efter sången – spel till en stad (A1-B2)

<u>Material</u>
36 Kort, ca 6 cm x 10 cm i 6 olika färger
spelfält, 36 A4-papper, ett med *start*, ett med *mål*
6 pjäser
en tärning

Stadsspelet

Uppgift:

a) Deltagarna hittar på ett lagnamn och skriver det på baksidan av frågekorten.

b) Deltagarna skriver upp 6 uppgifter, en uppgift per kort (frågor, pantomim, känslor, citat ...) med anknytning till staden. Kursledaren går runt och hjälper och rättar vid behov. Här får man räkna med 20-30 min till uppgiften.
Kursledaren lägger ut spelfältet med A4-papperna på golvet i en ring.
Korten blandas, 6 kort av varje lag vid 6 stationer fördelas över spelfältet.

Spelregler:

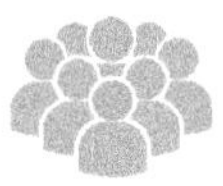

c) Deltagarna slår tärningen och går framåt tillsammans i laget. Vid en frågestation löser en deltagare en uppgift (inte lagets egna frågekort). Vid rätt svar tar laget ett steg fram, vid fel svar står laget kvar.
Man kan inte hoppa över ett fält med uppgifter. Alla lyssnar när en grupp slår och löser uppgiften. Först i mål har vunnit. Spelet tar ca 30-40 min.

Kommentar: Detta spel är bäst när man har talat om en stad lite närmare.

Kort *städer*

Malmö	Växjö
Lund	Kalmar
Båstad	Umeå
Göteborg	Karlstad
Stockholm	Visby
Halmstad	Varberg
Kiruna	Uppsala

4.8 Bråttom

1. Övning efter sången – frågeord, lära känna varandra närmare (A1)

Uppgift: Deltagarna frågar varandra efter namn, efternamn, ålder, hemstad, skostorlek, ålder, födelseår m.m. och ställer sig i konologisk- eller bokstavsordning.

<u>Material</u>
en ballong eller en mjuk boll

2. Övning efter sången – öva frågeord, lära känna varandra, pigga upp-övning (A1-A2)

Uppgift: Deltagarna ställer sig i en ring. De slår upp en ballong i luften eller kastar en mjuk boll och ställer en fråga och tilltalar en person. *Varifrån kommer du, Klara?* Klara slår upp ballongen i luften eller fångar bollen och svarar. Klara slår upp ballongen eller kastar bollen och ställer en ny fråga till nästa o.s.v.

Kommentar: En boll eller en ballong ger dynamik i undervisningen och drar uppmärksamheten från "inlärningen". Har man ingen boll så går det bra att bara skrynkla ihop ett papper. Pappersbollen flyger tokigt vilket lockar till skratt.

3. Övning efter sången – ordkunskap *tid* (A2-B2)

<u>Material</u>
kort *idiom och fraser om tid*

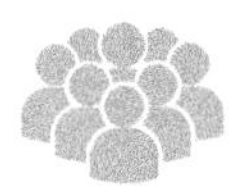

Uppgift:
a) Deltagarna samlar begrepp ur sången som handlar om tid och kompletterar med flera som de känner till, t.ex. *bråttom, senast, sent, hinna, När?, Vad är klockan?*

b) Kursledaren delar ut fraser och idiom som handlar om tid.

 *Uppgift:* Deltagarna går igenom fraserna i gruppen och tar reda på betydelsen.

 c) *Uppgift:* Deltagarna väljer en fras eller ett idiom och spelar upp med panto-mim. De andra i gruppen gissar vilken fras det är.

Kort *idiom och fraser om tid*

ha bråttom	skynda sig	Det tar sin lilla tid.
ha gott om tid	komma i tid	följa med sin tid
ha ont om tid	i lugn och ro	Tiden läker alla sår.
komma för sent	Tiden rinner iväg.	Dra ut på tiden.

4.9 Kroppen

1. Rörelser under sången – ordkunskap *kroppsdelar* (A1-A2)

<u>Material</u>
sången på ett stort papper

Kursledaren sjunger först, pekar på kroppsdelarna och visar följande rörelser:
klot: visar ett klot runt huvudet med händerna
arm till höger: lyfter höger arm åt sidan
arm till vänster: lyfter vänster arm åt sidan
fingrarna: spretar och rör fingrarna
händer: vinkar med händerna

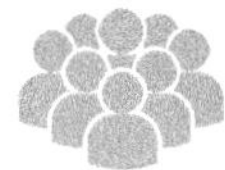

Uppgift:
Deltagarna sjunger efter och gör samma rörelser.

> Kommentar: En rörelse ger även en optisk stimulans för de andra
> deltagarna och stärker på så sätt inlärningsprocessen.

2. Övning efter sången – ordkunskap *kroppsdelar* (A1-A2)

Uppgift:
Kursledaren tar upp kroppsdelarnas pluralformer med gruppen.
Deltagarna pekar på olika delar av sin kropp och partnern nämner kroppsde-
len.

3. Övning efter sången – samtal *i väntrummet* (A1-A2)

Deltagarna sätter sig i en ring. Kursledaren tar upp *ha ont i, värk, vad synd, vad
tråkigt, krya på dig*.

Uppgift:
Deltagarna samtalar med sin granne om sina krämpor, reser sig sedan upp och
sätter sig bredvid en annan "patient" och samtalar igen.

4.10   Grannens Lotta

1. Rörelser under sången – tempus (A1)

Gå igenom rörelser till verben *spikar, leker, syr
och sjunger* först.

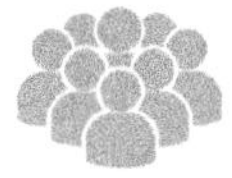

Uppgift: Alla gör rörelserna till verben.

>  Kommentar: Ta gärna upp skillnaden
> mellan *leka* och *spela*.

2. Övning efter sången – tempus (A1-A2)

<u>Material</u>
lappar *oregelbundna verb*

Uppgift: Deltagarna hittar sin grupp. Deltagarna tar var sin lapp, går runt och
hittar de andra tempusformerna som hör till deras verb.
Variant 1: Deltagarna visar sitt verb.
Variant 2: Deltagarna beskriver sitt verb utan att säga det.
Variant 3: Deltagarna visar verbet med gester.

3. Övning efter sången - tempus (A1-A2)

Uppgift: Deltagarna sätter in sitt verb i sången och skriver en egen strof till
Grannens Lotta. Alla sjunger alla stroferna tillsammans och gör rörelser till
verben.

4. Övning efter sången - tempus (A1-A2)

<u>Material</u>
2-3 mjuka bollar, kort med infinitivformen

Deltagarna ställer sig i en ring. Vid större grupper bildas fler ringar, ca 6 perso-
ner per ring. Person 1 kastar en mjuk boll till person 2 och säger något verbs

presensform, person 2 säger preteritumformen och kastar bollen till en person 3 som säger perfektformen. Vid högre nivå kan man höja tempot.

Variant: Kursledaren delar ut kort med infinitivformer till alla. Deltagarna går runt och visar verbet och den andre ska säga presens-, preteritum- och perfekt-formerna. Deltagarna byter kort och går vidare.

Kommentar: En boll ger dynamik i undervisningen och drar upp-märksamheten från "inlärningen". Har man ingen boll så går det bra att bara skrynkla ihop ett papper. Pappersbollen flyger tokigt vilket lockar till skratt.

lappar *oregelbundna verb*

skriver	skrev	skrivit
äter	åt	ätit
sover	sov	sovit
springer	sprang	sprungit
dricker	drack	druckit
gråter	grät	gråtit

4.11 Min lomhörda faster

1. Övning under talsången – ordföljd och intonation (A1-A2)

<u>Material</u>
sången på stora ark

Sången är ett telefonsamtal mellan lomhörda fastern och hennes brorsbarn.
Kursledaren lägger ut arken med sången så att deltagarna kan läsa texten.

Uppgift: Deltagarna ställer sig bredvid varandra i två rader. Den ena raden
är "jag" och den andra "min lomhörda faster". Kursledaren läser först och
understryker betoningen genom att böja och sträcka benen lätt upp och ner.
Deltagarna repeterar replikerna rytmiskt tillsammans i raderna som ett telefon-
samtal och gör samma rörelser.

2. Övning efter talsången – ordföljd och intonation (A2)

<u>Material</u>
stora papper

a) Kursledaren tar ev. upp ordföljden.

b) *Uppgift:* Deltagarna skriver en egen strof till *Min lomhörda faster* med ett
aktuellt tema och tänker ut gester eller rörelser till. Först skrivs strofen på ett
extra papper och kursledaren korrigerar och sedan på ett stort papper. Grupp
1 lägger ut sitt papper med sången så att alla kan läsa texten.
Deltagarna ställer sig bredvid varandra i två rader och läser replikerna rytmiskt
i rollerna och rör sig till. Grupp 2 lägger ut sitt papper o.s.v.

3. Övning efter talsången – ordföljd och intonation (A1-A2)

<u>Material</u>
A4-papper *ordföljd*

Uppgift: Deltagarna får var sitt ord på ett A4-papper och bildar olika meningar
genom att ställa sig på en rad och hålla upp ordet så att det blir en korrekt me-

ning. (A1) bildar huvudsatser, (A2) huvudsatser och bisatser. Meningen läses högt tillsammans. Sedan börjar de med ett annat ord och ställer sig så att det blir en korrekt mening. Meningen läses högt tillsammans.
Variant: Läs högt/lågt/argt/snabbt.

A4-papper *ordföljd*

i sommar	ska	jag	bada	och
äta	glass	om	solen	skiner
egentligen	inte	ofta	på morgonen	i stora lass

4.12 Två steg till höger

1. Rörelser under sången – öva *höger* och *vänster*, pigga upp-övning (A1)

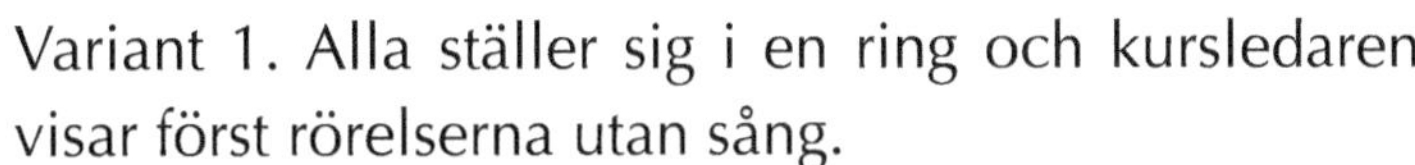

Variant 1. Alla ställer sig i en ring och kursledaren visar först rörelserna utan sång.

Uppgift: Alla går två steg till höger, går två steg till vänster, vinkar till varandra, går in i mitten och baklänges ut igen och från början igen.

Variant 2. Alla ställer sig i en ring. Kursledaren visar först rörelserna utan sång och delar in gruppen i 1-2-1-2 osv. Man måste vara jämnt antal dvs. kursledaren dansar med om det blir ojämnt antal deltagare.

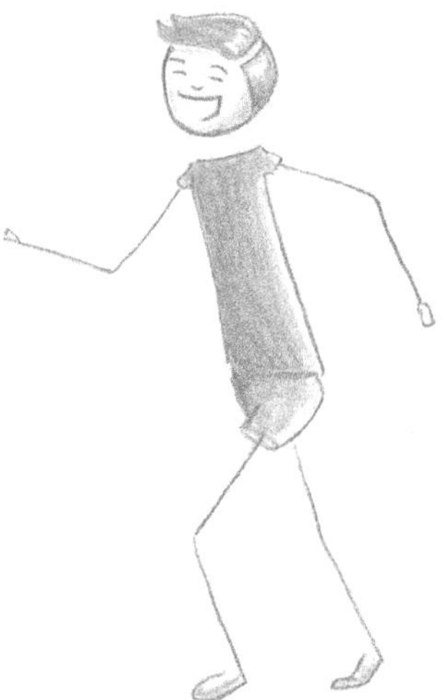

Uppgift: Alla går två steg till höger, två steg till vänster. Alla ettor vänder sig in i ringen med höger axel inåt. Alla tvåor vänder sig med vänster axel inåt så att man står mittemot varandra två och två, hälsar på varandra och går vänster förbi varandra. Så byter man platser för varje gång man sjunger igenom sången. Gå in i mitten och baklänges ut igen och från början igen.

> Kommentar: Att gå baklänges kräver koncentration och stimulerar hjärnan.

2. Övning i pausen – *koordinationsövning,* öva *höger och vänster* (A1)

<u>Material</u>
4-6 jonglörbollar

Man står med två jonglörbollar i jonglörutgångsställning.

Uppgift: Man föreställer sig två punkter ovanför sina händer. Man kastar **högra** bollen till den vänstra punkten och säger *höger*. Man kastar **vänstra** bollen till den högra punkten och säger *vänster*. Fortsätt att kasta bollen så länge det går.

Bild 1
Jonglörutgångsställning

3. Övning efter behov – öva *höger, vänster* och andra riktningsverb, pigga upp-övning (A1-B1)

Deltagarna ställer sig på rad bredvid varandra mittemot kursledaren.

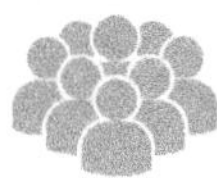

Uppgift: Deltagarna rör sig efter kursledarens anvisningar: *höger, vänster, bak, hit, ner, upp,* och till slut *hem, ut.*

> Kommentar: Övningen kräver hög koncentration och anpassning till gruppen.

4.13 Polisen Per

1. Övning efter sången – partikelverb (B1-B2)

<u>Material</u>
ev. rekvisita till en polis, kvinna, skurk

Uppgift:
a) Deltagarna läser igenom stroferna, delar upp rollerna och diskuterar hur man kan agera med passande gester, t.ex. *ringer upp* -> slår numret och håller telefonen vid örat.

b) Kursledaren spelar sången.
Uppgift: Deltagarna agerar till sången.

c) Alla ställer sig i en halvcirkel.
Uppgift: Alla sjunger sången och tre personer agerar på "scenen".

Kommentar: Lite rekvisita gör det lättare att gå in i en roll.

2. Övning efter sången – partikelverb (B1-B2)

Uppgift: Deltagarna väljer 2-3 verb ur sången och bildar så många olika verb med andra partiklar som möjligt, t.ex. *köra om* -> *köra upp, köra in, köra på* och skriver upp dem på en lapp. Deltagarna skickar lappen vidare till nästa grupp som startar ett samtal spontant och använder partikelverben. Lappen skickas vidare igen.

3. Övning efter sången – partikelverb *hålla* (B1-B2)

<u>Material</u>
lappar *partikelverb hålla*

Variant 1.
a) Kursledaren lägger ut lapparna *partikelverb hålla*, hälften får verbet *hålla* och hälften olika partiklar.

Uppgift: Deltagarna tar en lapp och bildar ett partikelverb med en annan person. Deltagarna diskuterar betydelsen. Sedan går deltagarna vidare och bildar så många kombinationer som möjligt med andra deltagare.

b) Kursledaren hänger upp betydelserna på olika ställen på väggen.
Uppgift: Deltagarna ställer sig med sina lappar vid rätt betydelse.

4. Övning efter sången – partikelverb (B1-B2)

<u>Material</u>
4 x lappar *partikelverb hålla*

Variant 2.
Kursledaren delar ut pusslet till verbet *hålla* med olika partiklar.

Uppgift: Deltagarna lägger ihop verbet *hålla* med rätt partikel och betydelse.

lappar *partikelverb hålla*

hålla	av	tycka om
hålla	efter	kontrollera
hålla	i sig	hålla fast i ngt
hålla	igen	begränsa sig
hålla	på	syssla med
hålla	till	uppehålla sig
hålla	upp	sluta
hålla	ut	uthärda
hålla	med	tycka samma

4.14 Djur i Sveriges natur

1. Övning efter sången – perfekt och djur (A1)

<u>Material</u>
stencil *Fyra djur i rad*

Uppgift: Fyra djur i rad
Deltagaren ställer en fråga ur stencilen till en deltagare, sätter ett kryss i rutan om svaret är "ja" och går vidare till nästa. När han/hon har fyra kryss i rad (lodrätt, vågrätt eller diagonalt) ropar han/hon högt "Fyra djur i rad".

2. Övning efter sången – liknelser med djur (A2-B1)

<u>Material</u>
pussel *liknelser med djur*

Uppgift: Deltagarna lägger pusslet och bildar rätt liknelser med djur.

Kommentar: Med händerna (be)griper vi orden, innebörden blir tydligare och orden förankras i långtidsminnet.

3. Övning efter pusslet – liknelser med djur (A2-B2)

Uppgift: Deltagarna mimar ett djur. De andra gissar djuret och liknelsen.

pigg	som en mört
rädd	som en hare
klok	som en uggla
listig	som en räv
hungrig	som en varg
stark	som en björn
fri	som en fågel
snabb	som en vessla

har sett en säl	har läst om en räv	har krockat med ett rådjur	har haft fjärilar i magen
har fiskat kräftor	har sjungit om en björn	har åkt med en ren	har flugit som en fluga
har iakttagit en varg	har talat med en myra	har hört något om en järv	har simmat som en fisk
har ätit älg	har bott med en mygga	har hållit i en nyckelpiga	har skrivit om en fågel

4.15 En blå banan

1. Övning efter sången – adjektiv i bestämd och obestämd form (A1)

<u>Material</u>
pussel *adjektiv*

Uppgift: Deltagarna bildar meningar med lapparna.

> Kommentar: Med händerna (be)griper vi orden, innebörden
> blir tydligare och orden förankras i långtidsminnet.

2. Övning efter sången - adjektiv, färger och föremål (A1-A2)

<u>Material</u>
lappar i olika färger

Kursledaren delar ut tre lappar av varje färg.

Uppgift:
a) Deltagarna går runt och hittar sin grupp på tre med samma färg.

b) Deltagarna skriver upp ord/föremål som har gruppens färg på 5 min, t.ex.
blått: hav, himmel, blåbär. Kursledaren ger support.

c) Alla ställer sig i en ring. En deltagare nämner spontant ett föremål. Föremålets färggrupp går in i mitten och bildar var sin mening eller uttryck med sitt föremål och sin färg i bestämd och obestämd form, *en blå himmel, ett blått hav* eller *den blåa himlen, det blåa havet.*

3. Övning efter sången - adjektiv, färger och föremål (A1-B2)

Alla ställer sig i en ring.

Uppgift:
Variant 1. En deltagare ropar en frukt/ett föremål, t.ex. *banan*. Alla som har gult

eller brunt på sig springer in i mitten och går tillbaka igen. (A1-A2)

Variant 2. Kursledaren ropar en frukt/ett föremål med ett adjektiv, t.ex. *en gul banan*. Stämmer meningen går de som har gult på sig in i mitten och går tillbaka igen. Stämmer inte meningen, t.ex. *en blå banan* står alla kvar. (A2-B1)

Variant 3. Kursledaren börjar att berättar en historia. Förekommer gruppens färg eller ett föremål med gruppens färg springer gruppen in i mitten och tillbaka igen. Denna grupp fortsätter att berätta och en annan grupp går in i mitten o.s.v. (B1-B2).

Kommentar: Koncentrationen stärks när deltagarna ska lyssna, förstå, selektera och reagera med kroppen.

Stencil *pussel adjektiv*

den	gula	bananen	är	god
det	gröna	äpplet	är	nyttigt
ett	blått	bär	är	sött
en	röd	jordgubbe	är	smaskig
de	bruna	nötterna	är	salta
	vita	lingon	är	omogna

4.16 Estelles familj

1. Övning under sången – ordkunskap *familj och släkt*, **öva hörförståelse (A1)**

<u>Material</u>
A5-ark av korten *släktord*

Kursledaren lägger arken på ett bord eller golvet.

a) *Uppgift:* Deltagarna tar var sitt ord och sätter sig på sin plats.

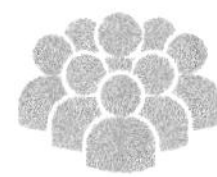

b) *Uppgift:* Deltagarna lyssnar på sången. Hör de sitt ord, reser de sig upp och/eller håller upp ordet.

2. Övning efter sången – ordkunskap *familj och släkt* **(A1)**

<u>Material</u>
A5-ark av korten *släktord*

Deltagarna har kvar eller får var sitt släktord.

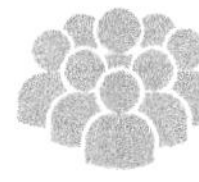

Uppgift: Deltagarna ska bilda Estelles släktträd tillsammans genom att ställa sig på rätt ställe med släktordet framför sig så att det står i rätt relation till Estelle. Alla hjälps åt.

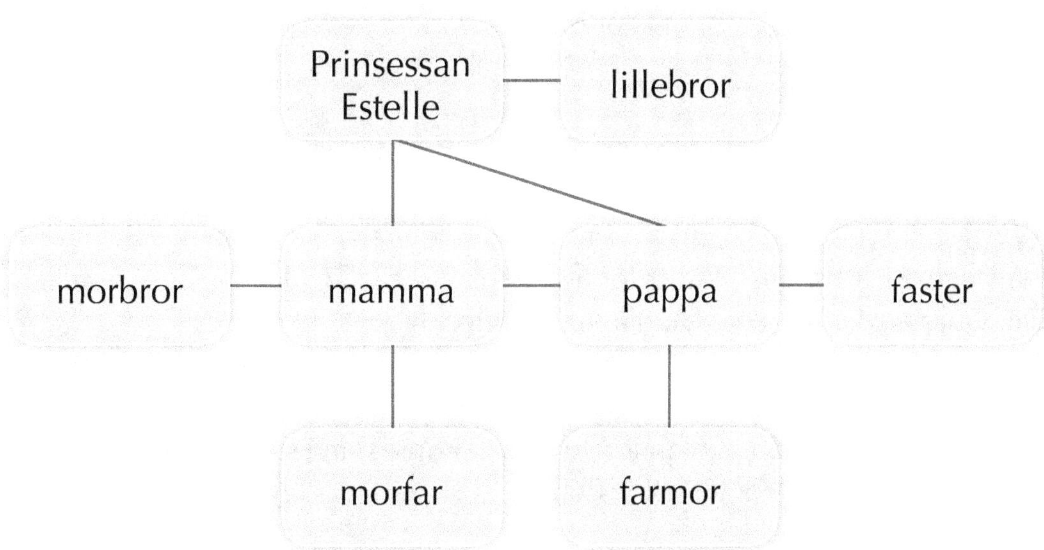

3. Övning efter sången – ordkunskap *familj och släkt* (A1-A2)

<u>Material</u>
kort *släktord*

Rörelsememory

Uppgift: Två deltagare går ut. Kursledaren lägger ut ordparen som passar ihop på golvet med ordet nedåt: *mamma-pappa, farmor-farfar* o.s.v. Resten av deltagarna tar var sitt ord och ska hitta sin partner. Deltagarna lägger kortet åt sidan och kommer ihåg sitt ord. "Memorykorten" fördelar sig i rummet. Paret som gick ut kommer in och ska hitta rätt par tillsammans så snabbt som möjligt genom att klappa på deltagarnas axel som då säger sitt ord. När de tävlande hittar ett memorypar så får paret kliva av planen och de tävlande fortsätter att söka. När alla memorypar har hittats är spelet avslutat. Spela 1-2 gånger med nya tävlande och nya par varje gång.

> 
> Kommentar: Byta ut orden så kan man med detta "levande" memoryspel öva vilket ordförråd som helst.

4. Övning efter sången – ordkunskap *familj och släkt* (A1-B1)

<u>Material</u>
häftande lappar med svenska kändisar

Gissa rätt kändis
Deltagarna får var sin lapp i pannan utan att namnet nämns eller visas.

Uppgift:
Deltagarna går runt och frågar för att kunna gissa vilken kändis de föreställer. De börjar med frågor som handlar om familj och släkt, t.ex. *Är jag en mamma? Har jag barn, en mormor?* Följande frågor formuleras beroende på nivån.
Exempel på kändisar: drottning Kristina, Gustav Vasa, Olof Palme, Karin Larsson, Pippi Långstrump, Zlatan Ibrahimovic, Prinsessan Estelle, Henning Mankell, Stefan Löfven, Marie Fredriksson

Kort *släktord*

mormor	morfar
farmor	farfar
mamma	pappa
Prinsessan Estelle	lillebror
faster	morbror
syster	kusiner
barnbarnsbarn	mormorsfar
farmorsmor	morfars farfarsfar

4.17 Vår snapsvisa

1. Övning under sången - possessiva pronomen (A1)

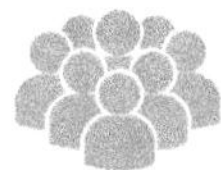

<u>Material</u>
ev. rekvisita för herrar och damer, t.ex. en pappersmustasch och pappersblom-
ma bakom örat

a) Alla sätter sig i en ring eller runt ett bord och sjunger sången tillsammans.

b) Dela in deltagarna i "Lars" och "Britt" så att varannan är Lars och varannan
Britt. Sången sjungs en gång till med rörelser:

Strof 1. När namnet "Lars" sjungs höjer deltagarna "Lars" sina glas (de håller
fram armen och handen som om de hade ett glas i handen) och sänker armen
igen. När "Britt" sjungs höjer deltagarna "Britt" sina glas och sänker det igen.
Vid "du" och "ni" höjer deltagarna inte sina glas utan tittar de andra deltagarna
i ögonen, vid "jag" och "vi" höjer alla sina glas och sänker dem igen.

Strof 2. Samma som i strof 1 men deltagarna låtsas att dricka sin snaps. Vid sista
raden "Snart lämnar snapsen sina spår" vinglar deltagarna till.

Strof 3. När namnet "Lars" sjungs sveper deltagarna "Lars" Britts glas och när
"Britt" sjungs sveper deltagarna "Britt" Lars glas. Deltagarna tar alltså grannens
glas och dricker snabbt. Bestäm innan om det ska vara grannen till vänster eller
höger.
Vid "du" och "ni" görs ingen rörelse utan deltagarna tittar de andra deltagarna
i ögonen, vid "jag" och "vi" tar deltagarna grannens glas och dricker snabbt.
Vid sista raden "Bäst att vi inte tar fler!" vinglar deltagarna till något mer.

2. Övning efter sången - possessiva pronomen (A1)

<u>Material</u>
pussel *possessiva pronomen*

Kursledaren delar ut pusslet till varje grupp.

Uppgift: Deltagarna lägger fyra lappar på rad som passar ihop och bildar så många meningar som möjligt. Kursledaren går runt och ger support.

 Kommentar: Med händerna (be)griper vi orden, innebörden blir tydligare och orden förankras i långtidsminnet.

3. Övning efter sången - personliga och possessiva pronomen (A1)

Deltagarna går runt och kommenterar vad de ser, t.ex. *Det är min/din/hans/ hennes bok. Det är vår lärare. Han talar med sin/hans/hennes vän.* Deltagarna ska använda så många pronomen som möjligt.

pussel *possessivpronomen*

mannen	tänker på	sin	fru
hans	fru	är	snäll
hennes	jobb	är	stressigt
deras	barn	är	snälla
kvinnan	går ut med	sin	hund
mannen	tycker om	sitt	husdjur

4.18 Fixarsång

1. Ordkunskap och hörförståelse (B1-B2)

<u>Material</u>

svåra ord ur sången på A5-papper t.ex. verb: *fixas, lagas, målas, skruvas, hug-
gas, sågas, filas, spikas, bytas, repareras, vridas, dras åt*, adjektiv: *händig, prak-
tisk, skicklig, exakt, driftig*

a) Övning före sången - ordkunskap *hantverk*

Lägg orden på ett bord eller golvet så att deltagarna kan gå runt dem.

Uppgift: Deltagarna går runt orden och resonerar om betydelsen.
Kursledaren går sedan igenom betydelserna i gruppen.

b) Övning under sången - hörförståelse

Uppgift: Deltagarna tar var sitt ord eller två och sätter sig på sin plats. Deltagar-
na lyssnar på sången.
Variant 1. När deltagaren hör sitt ord, ställer han/hon sig upp eller håller bara
upp ordet.
Variant 2. Deltagarna ställer sig i en ring runt orden. Alla lyssnar på sången.
När man hör ett visst ord i sången så försöker man trampa först på ordet.
Obs! Det är nog bäst att deltagarna tar av sig skorna först.

2. Övning efter sången - ordkunskap *hantverk och verktyg*, passiv och adjektiv (B1-B2)

<u>Material</u>

pussel *hantverk och verktyg*

a) Ordkunskap *hantverk och verktyg*
Uppgift: Deltagarna hittar sin grupp. Begreppen ska passa ihop (ett verb, två
substantiv).

b) Grupperna ställer sig på rad och deltagarna visar med gester vad som står på
deras lappar och säger samtidigt ordet.

c) Kursledaren delar ut resten av kopieringsmaterialet som pussel till varje grupp.

Uppgift: Deltagarna lägger tre lappar på rad som passar ihop (ett verb, två substantiv). Kursledaren går runt och ger support.

d. Passiv och adjektiv

Uppgift: Grupperna visar med gester ett exempel ur pusslet t.ex. *spika ett/en spik med en hammare.* De andra grupperna bildar en mening i passiv och bedömer personen med adjektiven ur sången. T.ex. *Spiket/spiken spikas med en hammare. Du är (inte) mycket skicklig.* Grupperna presenterar sina meningar inför hela gruppen. Alla upprepar meningarna.

Kommentar: Ta gärna upp skillnaden mellan *trä* och *träd*.

en hammare	spika	en/ett spik
en skruvmejsel	skruva	en skruv
en yxa	hugga	ved
en skiftnyckel	dra åt	en mutter
en pensel	måla	en färg
en fil	fila	en bräda
en såg	såga	trä
en borrmaskin	borra	en plugg
en fällkniv	tälja	ett knivblad
en fogsvans	såga	ett sågblad
en röjsåg	röja	en trimmerlina
en slipmaskin	slipa	ett slippapper

4.19 Det kallas kalas!

1. Övning efter sången – uttal av vokaler (A1)

Alla ställer sig i en ring.

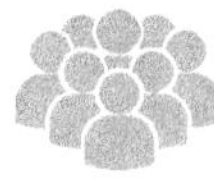

Uppgift: Vid ord eller stavelse med lång vokal, går man ett långt steg till vänster. Vid ord eller stavelse med kort vokal, går man ett snabbt, kort steg till höger.
a) Kursledaren säger ett ord, gruppen lyssnar och repeterar. Sedan säger gruppen ordet två gånger och tar samtidigt steget åt rätt håll.

b) Variant 1

Uppgift: Deltagarna tänker ut fem ord med långa och korta vokaler. Gruppen går sedan ihop med en annan grupp. En deltagare säger ett ord, gruppen lyssnar och repeterar. Sedan säger gruppen ordet två gånger och tar samtidigt steget åt rätt håll.

Variant 2

Uppgift: En deltagare säger ett ord spontant utan förberedelse, gruppen lyssnar och repeterar. Sedan säger gruppen ordet två gånger och tar samtidigt steget åt rätt håll.

Ord ur sången

a: kallas, kalas, glas, vackra, lax, spenat, dragspel, bas, glass, hall, fat, alla, tar
i: vin, i, fin, blir, sill, dill, vi, till, gillar
o: bordet, turkos, ros
å: ål, skål, på, får
e: fester, se, hel, med, det, en, eller
u: bjuds, upplagd, du, kul

2. Övning efter sången – intonation (A1)

Ställ er i en ring. Kursledaren visar med armen (en båge/två toppar) eller med benen (gå upp och ner i knäna) accent 1, t.ex. *kul* och accent 2, t.ex. *gillar*.

a) Kursledaren säger ett ord, gruppen lyssnar och repeterar. Sedan säger gruppen ordet två gånger och gör rätt rörelse till.

b) En deltagare säger ett ord, gruppen lyssnar och repeterar. Sedan säger gruppen ordet två gånger och gör rätt rörelse till.

Ord ur sången

accent 1: glas, dill, med, kul
accent 2: vackra, dragspel, upplagd, gillar, alla

Kommentar: En rörelse ger även en optisk stimulans för de andra deltagarna och stärker på så sätt inlärningsprocessen.

4.20 Äntligen tillbaka

1. Övning innan sången – ordkunskap *naturen* (A2-B2)

<u>Material</u>
A-5-papper med obekanta ord, t.ex. *by, vårljus, natt, mossig, bro, gryr, bäck, porlar, skog, gryning, gran, ljus, silas, vitsippa, äng, känner*
Kursledaren lägger papper med orden på ett bord.

Uppgift: Deltagarna går runt orden och funderar på betydelsen. Gå igenom tillsammans. Deltagarna tar var sitt ord och sätter sig på sin plats.

2. Övning under sången – hörförståelse (A2-B2)

Uppgift: Deltagarna lyssnar på sången. Hör han/hon sitt ord, håller han/hon upp ordet.

3. Övning efter sången – talfärdighet (A2-B2)

Uppgift: (A2) Deltagarna går ihop två och två och läser upp sitt ord. Den andra säger en mening med ordet. De skiftas om. Sedan byter de kort och går vidare.
(B1-B2) Deltagarna går ihop två och två och läser upp sitt ord. Den andra ska

berätta vad han/hon tänker på när han/hon hör ordet. De skiftas om. Sedan byter de kort och går vidare.

4. Övning efter sången – talfärdighet med alla sinnen (A2-B2)

Uppgift:

a) Alla går ut i naturen, skogen eller runt kvarteret och går tyst 5 min, samlar intryck vad de ser, hör, känner, luktar och smakar.

b) Deltagarna talar om sina intryck.

Kommentar: Naturen stimulerar alla sinnena med dofter, ljud, föremål, smaker och berör oss därmed känslomässigt. Naturen är en inspirationskälla till samtal.

5. Övning efter sången – talfärdighet i en annan roll (B1-B2)

<u>Material</u>
stencil *olika roller och ord*

Uppgift: Alla går ut eller föreställer sig en plats. Deltagarna tittar på omgivningen ur olika perspektiv, samtalar och använder orden, se stencil *olika roller och ord*. Exempel på roller: konstnär, arkitekt, geolog, skogshuggare, löpare, miljöaktivist, företagare, brevbärare

Kommentar: Att spela en annan roll ger personen både skydd att våga tala friare och möjligheten att se verkligheten från ett annat perspektiv.

stencil *olika roller och ord*

Konstnär
ett konstverk, ett staffli, ett objekt, ett tålamod, ett budskap, ett motiv, skiftande färger, en komposition, ett perspektiv, en pensel

Arkitekt
forma, en funktion, en byggnad, en stabilitet, ett område, rita, en skönhet, en synvinkel, en hållbarhet, en utvärdering

Geolog
en jord, en terräng, en jordyta, en sten, en påverkan, en växt, en mark, en process, ett klimat, gräva

Företagare
en vinst, ett mål, en resurs, en miljö, en arbetstagare, näringslivet, utveckla, en tjänst, producera, en strategi

Skogshuggare
en motorsåg, en mark, ett område, såga, en kostnad, kvistar, attraktiv, timmer, fälla, en maskin

Löpare
en luft, en stig, en terräng, röra sig, en mark, ett underlag, svettas, en hållbarhet, en naturupplevelse, andas

Miljöaktivist
en miljö, en människa, en hållbarhet, ta ansvar, en helhetssyn, bidra, en påverkan, ett mål, ett klimat, en skog

Brevbärare
ett avstånd, röra sig, ett område, en bebyggelse, hinna, ett mål, en arbetstid, en stig, en upplevelse, en brevlåda

5   KÄLLOR

Litteratur

Macedonia-Oleinek, Manuela: *Sinn-voll Fremdsprachen unterrichten.*
Linz 1999.

Sambanis, Michaela: *Fremdsprachenunterricht und Neurowissenschaften.*
Tübingen 2013.

Schiffler, Ludger: *Effektiver Fremdsprachenunterricht. Bewegung – Visualisie-rung – Entspannung.*
Tübingen 2012.

Webben

Allasinnen.se. *Suggestopedisk språkundervisning för vuxna.*
HTTP://www.allasinnen.se/index.php?section=0&page=5
Hämtning den 2016-02-16.

Yogabolaget.se. *MUDRAS - vad är det??*
HTTP://www.yogabolaget.se/index.php/vad-aer-yoga/82
Hämtning 2016-03-01.